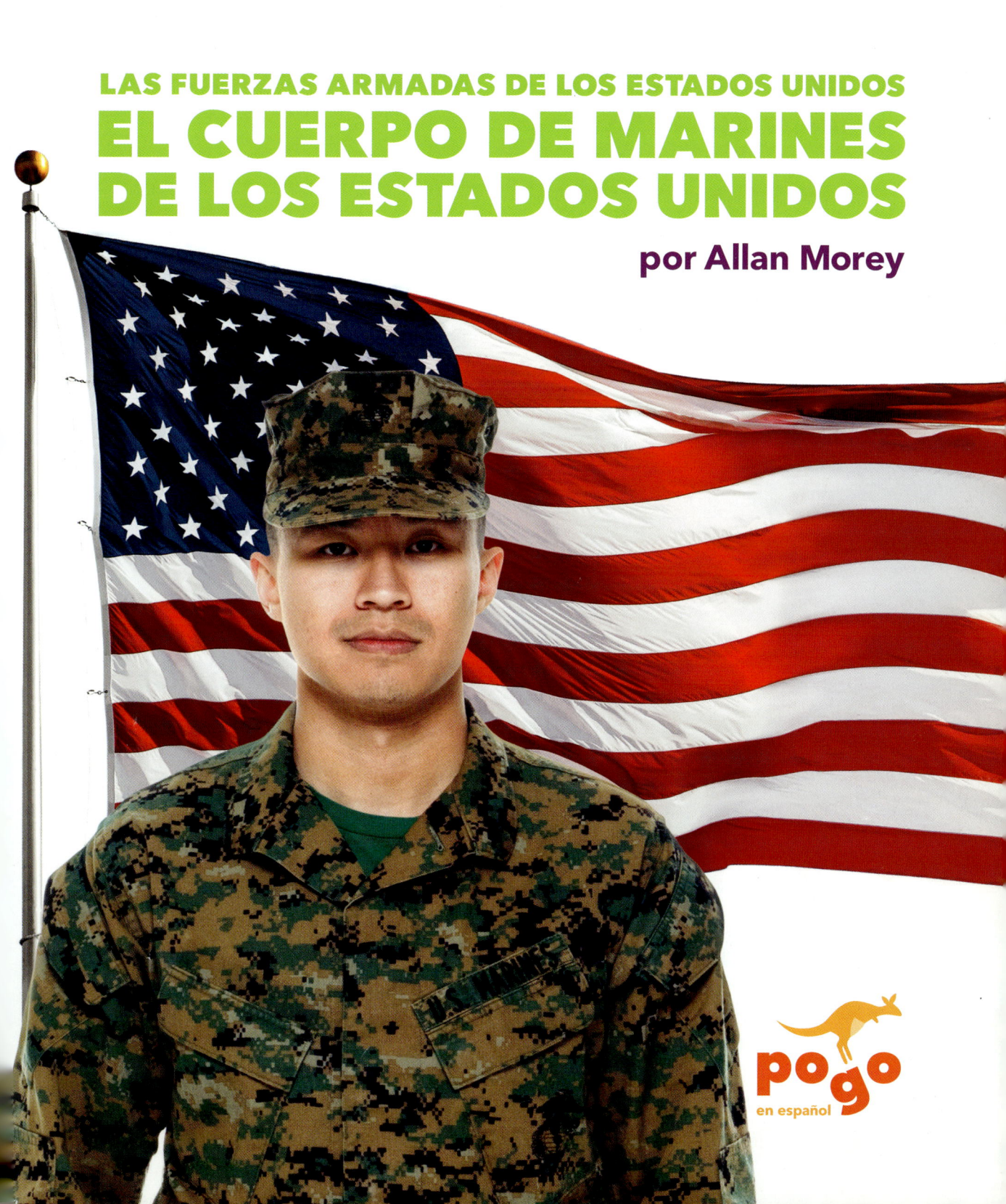

LAS FUERZAS ARMADAS DE LOS ESTADOS UNIDOS
EL CUERPO DE MARINES DE LOS ESTADOS UNIDOS

por Allan Morey

pogo
en español

Ideas para los padres de familia y los maestros

Los Pogo Books permiten a los lectores practicar la lectura de textos informativos y los familiarizan con las características de la literatura de no ficción, como los encabezados, las etiquetas, las barras laterales, los mapas y diagramas, al igual que una tabla de contenido, un glosario y un índice. Los textos, cuidadosamente escritos para el nivel de los estudiantes, y la sólida correspondencia con una foto ofrecen a los lectores de temprana edad que leen con fluidez el apoyo necesario para tener éxito.

Antes de la lectura

- Recorra las páginas del libro indíquele al niño o a la niña las diversas características de la literatura de no ficción. Pregúntele qué propósito tiene cada característica.
- Miren el glosario juntos. Lean y conversen acerca de las palabras.

Lean el libro

- Permita que lea el libro de forma independiente.
- Pídale que haga una lista de las preguntas que le surjan a partir de la lectura.

Después de la lectura

- Hablen acerca de las preguntas que le hayan surgido y sobre cómo él o ella podría obtener las respuestas a esas preguntas.
- Motive al niño o a la niña a pensar más. Pregúntele: Antes de leer este libro, ¿sabías qué tipos de trabajos desempeñaba el Cuerpo de Marines de los Estados Unidos? ¿Qué más quisieras aprender acerca del Cuerpo de Marines de los Estados Unidos?

Pogo Books are published by Jump!
5357 Penn Avenue South
Minneapolis, MN 55419
www.jumplibrary.com

Copyright © 2021 Jump!
International copyright reserved in all countries.
No part of this book may be reproduced in any form without written permission from the publisher.

Library of Congress Cataloging-in-Publication Data

Names: Morey, Allan, author.
Title: El Cuerpo de Marines de Los Estados Unidos por Allan Morey.
Other titles: U.S. Marine Corps. Spanish
Description: Minneapolis, MN: Jump!, Inc., 2021.
Series: Las fuerzas armadas de Los Estados Unidos
Includes index. | Audience: Grades 2-3
Identifiers: LCCN 2020015312 (print)
LCCN 2020015313 (ebook)
ISBN 9781645276197 (hardcover)
ISBN 9781645276203 (ebook)
Subjects: LCSH: United States. Marine Corps Juvenile literature.
Classification: LCC VE23 .M6318 2021 (print)
LCC VE23 (ebook) | DDC 359.9/60973–dc23
LC record available at https://lccn.loc.gov/2020015312
LC ebook record available at https://lccn.loc.gov/2020015313

Editor: Susanne Bushman
Designer: Molly Ballanger
Translator: Annette Granat

Content Consultant: Staff Sergeant Isaac Reich, U.S. Marine Corps

Staff Sergeant Isaac Reich served in the U.S. Marine Corps for eight years as an Aviation Mechanic, inspecting and servicing F-18, C-130, and F-35 aircraft. He continued his education by attending advanced composite repair school and non-destructive inspection school. He served in Japan in 2015.

Photo Credits: Yeongsik Im/Shutterstock, cover; 4x6/iStock, 1 (foreground); turtix/Shutterstock, 1 (background); U.S. Marine Corps, 3, 4, 6-7, 10, 11, 12-13, 14-15, 16-17, 18, 20-21, 23; Lance Cpl. Kenny Nunez Bigay/U.S. Marine Corps, 5; Cpl. Reece Lodder/U.S. Marine Corps, 8-9; Greg Mathieson/Getty, 19.

Printed in the United States of America at Corporate Graphics in North Mankato, Minnesota.

TABLA DE CONTENIDO

CAPÍTULO 1
Los primeros en actuar..................4

CAPÍTULO 2
Los trabajos del Cuerpo de Marines........10

CAPÍTULO 3
Muchas misiones...................18

DATOS BREVES & OTRAS CURIOSIDADES
Cronología........................22
Glosario..........................23
Índice............................24
Para aprender más.................24

CAPÍTULO 1
LOS PRIMEROS EN ACTUAR

Un vehículo **anfibio** llega a una playa. Los infantes de marina se precipitan. ¡Están listos para la acción!

vehículo anfibio

Los infantes de marina están entrenados para actuar rápidamente. Siempre están listos para el **combate** y, con frecuencia, son los primeros en actuar. Muchas de sus **misiones** ocurren en el extranjero.

El Cuerpo de Marines forma parte de la Marina de Guerra de los Estados Unidos. A sus miembros se les conoce como infantes de marina. Ellos ayudan a proteger a los Estados Unidos y a sus **aliados**. ¿Cómo? Los protegen en el mar, la tierra y en el aire.

¿LO SABÍAS?

El Cuerpo de Marines es una **rama** de las Fuerzas Armadas de los Estados Unidos. Otras incluyen:
- La Fuerza Aérea de los Estados Unidos
- El Ejército de los Estados Unidos
- La Guardia Costera de los Estados Unidos
- La Marina de Guerra de los Estados Unidos

La Guardia Nacional es como una rama. Pero los que la mantienen en funcionamiento son los estados. Las ramas son mantenidas en funcionamiento por el **gobierno federal**.

CAPÍTULO 1

CAPÍTULO 1

avión de transporte de la Fuerza Aérea de los Estados Unidos

Los infantes de marina también trabajan con otras ramas de las Fuerzas Armadas. Los aviones de la Fuerza Aérea de los Estados Unidos **transportan** a los infantes de marina. Los barcos de la Marina de Guerra de los Estados Unidos también los transportan. Todas las ramas protegen a los Estados Unidos.

CAPÍTULO 1

CAPÍTULO 2
LOS TRABAJOS DEL CUERPO DE MARINES

Los **reclutas** del Cuerpo de Marines asisten al campo de entrenamiento. Ahí, aprenden las habilidades que necesitarán. Estas incluyen el entrenamiento físico. Necesitan completar un curso de obstáculos.

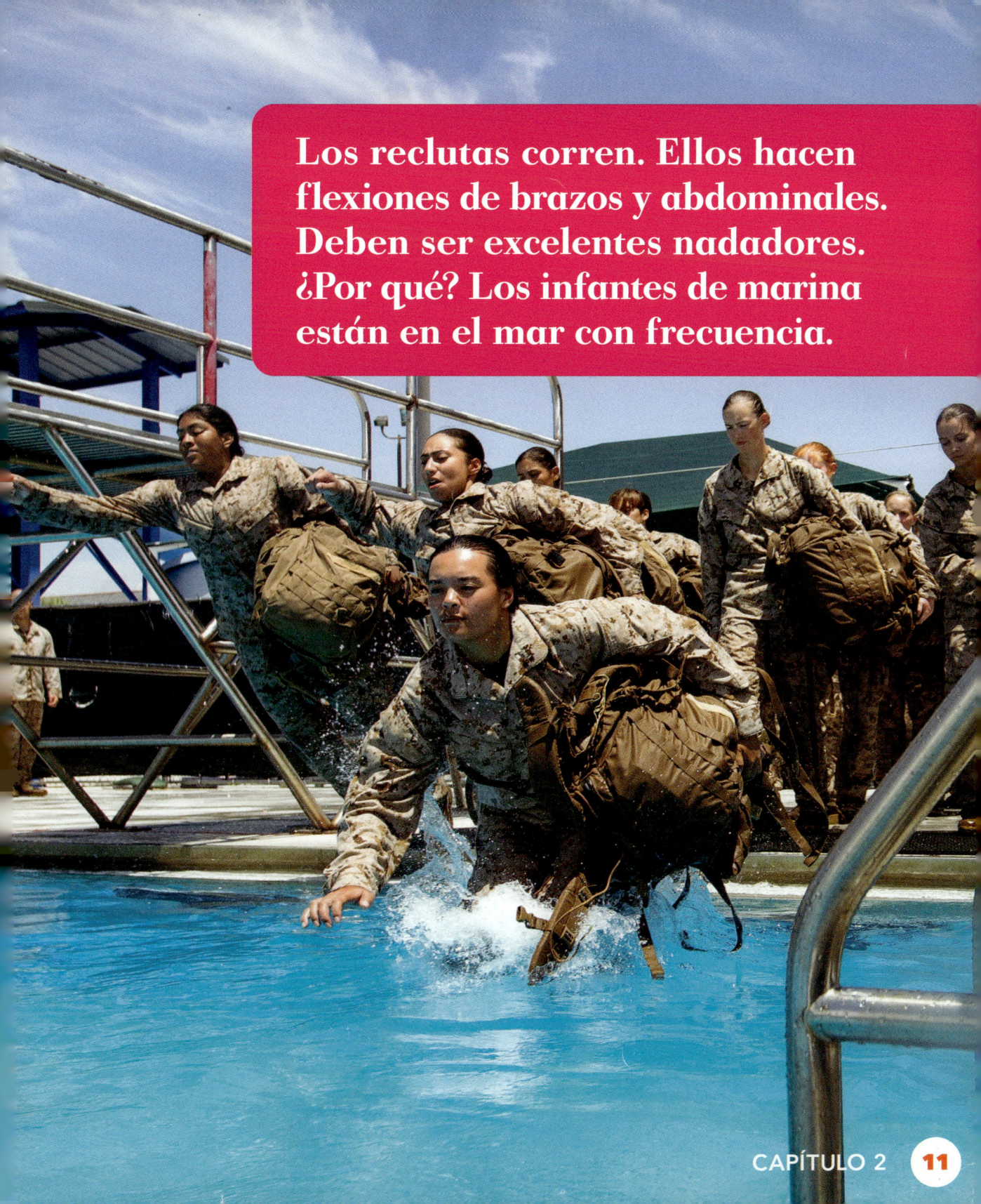

Los reclutas corren. Ellos hacen flexiones de brazos y abdominales. Deben ser excelentes nadadores. ¿Por qué? Los infantes de marina están en el mar con frecuencia.

Luego, asisten a la Escuela de **Infantería**. Aprenden a usar armas de fuego especiales. Reciben entrenamiento de combate. Algunos aprenden a manejar vehículos especiales. Puede que se unan a una **unidad** de combate.

¡ECHA UN VISTAZO!

Los infantes de marina tienen **rangos**. Empiezan como soldados rasos. ¡Luego obtienen rangos más altos! Reciben una **insignia**. Los vemos frecuentemente en sus **uniformes azules**.

INSIGNIA

- sargento mayor del Cuerpo de Marines
- sargento mayor
- sargento artillero maestro
- sargento primero
- sargento maestro
- sargento artillero
- sargento de personal
- sargento
- cabo
- cabo interino
- soldado de primera clase

CAPÍTULO 2

CAPÍTULO 2

Algunos infantes de marina reciben entrenamiento para trabajos. ¿Como cuáles? Pueden estudiar para volverse electricistas.

Los infantes de marina con títulos universitarios pueden convertirse en oficiales. Luego, asisten a la Escuela de Aspirantes a Oficial. ¿Por qué? Aprenden cómo liderar a los demás.

CAPÍTULO 2   15

Los Raiders pertenecen a una **fuerza especial**. Participan en misiones secretas. ¿Como cuáles? Se escabullen en tierras enemigas. Atacan al enemigo o rescatan a gente. También pueden trabajar con otras fuerzas especiales.

¿QUÉ OPINAS?

El **lema** del Cuerpo de Marines es "Semper Fidelis". Esto significa: "siempre leales". Los infantes de marina son leales a su país y entre ellos. ¿Qué significa esto para ti?

CAPÍTULO 3
MUCHAS MISIONES

Los infantes de marina participan en muchas misiones. Durante la guerra, a menudo pelean en ciudades.

Una unidad especial lucha contra los **terroristas**. Esta ayuda cuando los terroristas atacan a los Estados Unidos. También ayuda a otros países a pelear. Sus miembros ayudan en cualquier parte del mundo.

CAPÍTULO 3   19

En el 2017, un huracán azotó Texas. Muchas áreas se inundaron. Los infantes de marina ayudaron. Rescataron a gente. Les llevaron comida a otras personas. ¿Cómo? Usaron vehículos anfibios.

El Cuerpo de Marines de los Estados Unidos protege y sirve alrededor del mundo. ¿Te gustaría ser un infante de marina?

¿LO SABÍAS?

El presidente de los Estados Unidos dirige todas las ramas de las Fuerzas Armadas. Él o ella decide dónde enviarlas. Al presidente lo llamamos comandante en jefe.

CAPÍTULO 3

DATOS BREVES & OTRAS CURIOSIDADES

CRONOLOGÍA

1775
Se forman los Continental Marines durante la Guerra de la Independencia (1775-1783).

1942
Se establece la unidad Raiders del Cuerpo de Marines durante la Segunda Guerra Mundial (1939-1945).

1945
El Cuerpo de Marines de los EE. UU.: captura la isla de Iwo Jima de las fuerzas japonesas.

1987
Se forma el Equipo de la Flota de Seguridad y Antiterrorismo del Cuerpo de Marines.

2017
Los infantes de marina desempeñan misiones de rescate en Texas después del huracán Harvey.

LA MISIÓN DEL CUERPO DE MARINES DE LOS EE. UU.
La misión del Cuerpo de Marines de los EE. UU. es ganar las batallas de la nación de manera rápida y agresiva en tiempos de crisis. Ellos pelean en la tierra, el mar y el aire, y también proveen fuerzas y destacamentos a los barcos navales y las operaciones terrestres.

LOS MIEMBROS DEL CUERPO DE MARINES DE LOS EE. UU. EN SERVICIO ACTIVO:
Alrededor de 184,000 (en el 2019)
Los miembros en servicio activo sirven a tiempo completo.

LOS MIEMBROS DEL CUERPO DE MARINES DE LOS EE. UU. EN LA RESERVA:
Alrededor de 104,000 (en el 2019)
Los miembros en la Reserva se entrenan y sirven a tiempo parcial.

GLOSARIO

aliados: Países que están en el mismo lado durante las guerras o en acciones militares.

anfibio: Que tiene que ver con tanto tierra como agua.

combate: Pelea.

fuerza especial: Un grupo militar especializado que está entrenado para realizar tareas particulares.

gobierno federal: El gobierno central de los EE. UU.

infantería: Los soldados de un ejército que andan a pie.

insignia: Símbolos que muestran los rangos de la gente en las fuerzas armadas.

lema: Una oración o frase corta que afirma una creencia o que es utilizada como una regla de comportamiento.

misiones: Tareas o trabajos.

rama: Uno de los grupos de las Fuerzas Armadas de los Estados Unidos, incluyendo la Fuerza Aérea de los EE. UU., el Ejército de los EE. UU., la Guardia Costera de los EE. UU., el Cuerpo de Marines de los EE. UU., y la Marina de Guerra de los EE. UU.

rangos: Posiciones en las fuerzas armadas.

reclutas: Los nuevos miembros de una fuerza armada.

terroristas: Gente que usa la violencia y las amenazas para asustar a la gente, obtener poder o forzar a los gobiernos a que hagan cosas.

transportan: Llevan de lugar en lugar.

unidad: Un grupo de infantes de marina.

uniformes azules: Los uniformes formales que usan los infantes de marina para eventos especiales.

DATOS BREVES & OTRAS CURIOSIDADES 23

ÍNDICE

armas de fuego 12

campo de entrenamiento 10

combate 5, 12

Escuela de Infantería 12

Fuerza Aérea de los Estados Unidos 6, 9

Guardia Nacional 6

huracán 21

insignia 13

lema 16

Marina de Guerra de los Estados Unidos 6, 9

misiones 5, 16, 18

oficiales 15

presidente de los Estados Unidos 21

Raiders 16

rama de las Fuerzas Armadas de los Estados Unidos 6, 9, 21

rangos 13

reclutas 10, 11

terroristas 19

trabajos 15

transportan 9

unidad 12, 19

vehículo anfibio 4, 21

PARA APRENDER MÁS

Aprender más es tan fácil contar de 1 a 3.

❶ Visita www.factsurfer.com

❷ Escribe "ElCuerpodeMarinesdelosEstadosUnidos" en la caja de búsqueda.

❸ Elige tu libro para ver una lista de sitios web.

DATOS BREVES & OTRAS CURIOSIDADES